Rile Schöne

Ich danke Gott und freue mich

Kleines Gebetbuch für Kinder

Dieses Buch gehört:

Rile Schöne

Ich danke Gott und freue mich

Kleines Gebetbuch für Kinder

Mit Illustrationen von Gisela Röder

benno VERLAG

Die Deutsche Bibliothek - CIP Einheitsaufnahme

Ich danke Gott und freue mich : kleines Gebetbuch für Kinder /
Rile Schöne. Mit Ill. von Gisela Röder. - Leipzig : Benno-Verl., 2000
ISBN 3-7462-1348-7

ISBN 3-7462-1348-7

Umschlaggestaltung: Ulrike Vetter, Leipzig
Satz und Herstellung: Arnold & Domnick, Leipzig
Printed in the Czech Republic

Inhalt

Als ich heute aufgewacht,
kitzelt mich auf meiner Nase
warm ein Sonnenstrahl.

Lieber Tag,
schön sollst du werden,
habe ich gedacht.
Und schon hüllt das Licht mich ein
nach der langen Nacht.
Eltern, Freunde und Geschwister
segne Gott, und mich,
dein Kind.
Sei auch heut' bei allen Menschen,
die mir Freunde sind.

Jetzt bin ich fröhlich aufgewacht,
ein neuer Tag beginnt.
Mein lieber Gott,
sei du bei mir
und segne mich, dein Kind.

Das Bächlein rauscht,
es singt und singt
den leisen Morgensegen,
die frohe Lerche sich erhebt
und jubelt in der Höh und schwebt
dem Himmel schon entgegen.
Gott, lass mich auch so fröhlich sein
und stimmen in die Lieder ein,
dir, Herr, zu Lob und Ehre.

Bei dir, mein Gott,
kann ich nur staunen
vom Morgen an bis in die Nacht.
Du hast in deiner guten Schöpfung
dir lauter Wunder ausgedacht.

Lieber Gott, du machst uns satt
mit deinen guten Gaben.
Gott, lass uns sehn,
wer traurig ist
und die da Hunger haben.

Dem Hasen schmeckt der Klee,
das Fischlein tränkt der tiefe See.
Die Maus nascht gern vom fetten Speck,
die Schwalbe schnappt die Fliegen weg.
Die Wiesen mit Blumen
auf grüner Au,
sie trinken nur ein Tröpfchen
vom frischen Tau.

Lieber Gott, lass doch auf Erden
was da lebt gesättigt werden.

Du lässt die Sonne aufgehen,
du stellst des Mondes Lauf;
du lässt die Winde wehen
und tust den Himmel auf.
Du schenkst uns so viel Freude,
füllst unser Herz mit Lob.
Du gibst den Kühen Weide
und deinen Menschen Brot.

Jedem hast du Schlaf gegeben,
Hühner, Pferde ruhn im Stall.
Nur zur Nacht ist noch ganz munter
eine Nachtigall.
Sie singt,
wenn wir matt und müd,
unserm Gott ihr Lied.

Lass auch meinen Tag beginnen,
lieber Gott,
mit Dank und Singen.

Alle müden Kinder
legen sich zur Ruh,
schauen eine Weile
noch dem Monde zu,
sehen wie die Sterne
schon am Himmel stehn
und aus weiter Ferne
auf die Erde sehn.

Lieber Gott,
wenn ich am Morgen
schau das helle Tageslicht,
will ich fröhlich sein
und singen
und mit dir den Tag beginnen.

Lieber Gott, du bist im Himmel
und bei mir in dieser Nacht.
Du wachst über Mond und Sterne,
hältst die ganze Welt in acht.
Danke, Gott, jetzt schlaf ich ein,
alles wird behütet sein.

Gott, du bist der gute Hirt,
behüte mich, wenns dunkel wird.
Und hab ich Angst in dieser Nacht,
weiß ich gewiss: mein Engel wacht.

Menschen, Tiere, Pflanzen schlafen,
du allein, Gott, hältst die Wacht.
Auch die Schiffe sind im Hafen,
ruhen eine ganze Nacht.

Mond und Sterne stehn am Himmel,
Wolkenschäfchen ziehn dahin.
Lieber Gott, ich schlaf behütet,
siehst du, wie ich müde bin?

Lieber Gott, ich bin geborgen
bei dir heut in dunkler Nacht.
Wecke du mich wieder morgen,
wenn das Licht mich munter macht.
Segne uns mit deinem Frieden,
lass nicht Streit im Hause sein.
Amen.

Du, lieber Vater,
schenkst mir Schlaf
in meinem warmen Bettchen.
Der Nussbaum rauscht
sein Abendlied
mit seinen tausend Blättchen.

Und Schmusebärchen kuschelt sich
auch unter meine Decke,
bis ich ihn,
wenn ich munter bin,
mit einem Liede wecke.

Die fernen Sterne leuchten
am Himmel silberklar.
Wer mag sie alle kennen,
die weite Sternenschar?

Den Baum, den Stein, das Gras
deckt schon der Abend zu.
Und wer nun schlafen will,
dem schenkt Gott seine Ruh.

Gott hat die Erde schön gemacht
mit Wiese, Baum und Strauch
und Blumen, Früchten, rot und blau,
und Tieren auf der weiten Au,
mit Fischen tief im Meer.

Gott, du hast uns diese Welt
zum Beschützen übergeben.
Alles, was mein Auge sieht,
ist erfüllt mit Leben.
Dass ich immer achtsam sei,
lieber Gott, hilf mir dabei.

Blüten haben sich geschlossen,
Vöglein schläft im Blätterbusch,
leer ist schon die ganze Straße
und ich muss ins Bett, husch-husch.

Lieber Gott, ich bitte dich:
Lass mich den neuen Morgen wieder
die Vöglein hören, Blumen sehn.
Was du willst, Gott, das wird geschehn.

Du, Schöpfer lässt uns Wunder sehn,
die selbst auf einem Müllplatz stehn.
Die strahlend gelbe Blütenpracht
verwandelt sich bald über Nacht
zu einer Pusteblume.

Ein jedes Schirmchen schwebt ganz leicht
hin über Graben, Bach und Teich.
Es will nicht in den Lüften bleiben
und ziellos durch das Weltall treiben.
Es fällt ganz sacht, eh du's gedacht,
zur Erde nieder
und keimt bald wieder.

Beim Regen, da tropft es,
in der Pfütze klopft es.
Die Vögel trinken
und Kinder winken.

Sogar die Kirchturmspitze
leuchtet in der Pfütze
und bunte Blätter schwimmen
ganz lustig mittendrinnen.

Lieber Gott, du schmückst
die Erde wunderschön.
Lass mich mit offnen Augen
auch kleine Wunder sehn!

Lieber Gott,
was du geschaffen,
ist nicht hässlich,
sondern schön.
Schau doch,
in der großen Pfütze
kann ich deinen Himmel sehn.

Sonne auch
und sogar Bäume
spiegeln sich
im dunklen Nass.
Und die Spatzen flatternd spritzen.

Hui, das ist ein toller Spaß!

Die Welt ist voller schöner Wunder,
doch schaut man meistens nicht recht hin.
Die Sonne, sie geht auf und unter,
wofür ich ihr recht dankbar bin.

Was Gott sich hat für uns erdacht,
das hat er heil und gut gemacht.
So sag ich Dank und
Amen

Wie reich ist deine große Welt
mit Menschen weiß und schwarz und gelb.
Du hast sie alle – wie mich – lieb.
Ich bitte, lieber Gott, so gib,
dass wir zu Freunden werden.

Schenk Frieden denen, großer Gott,
die sich nach Frieden sehnen.
Und Menschen, die sich feindlich sind,
kannst du nur noch versöhnen,
allein durch deinen guten Geist.

Ob schwarz ich bin, ob weiß, ob gelb,
bei dir ist jeder Mensch gezählt,
und keinen lässt du fallen.
Wir reichen allen unsre Hand
von Dorf zu Stadt, von Land zu Land,
wolln helfen uns und achten.

Schau, wie schön sind die Laternen:
bunt wie unsre ganze Welt,
zart und kräftig,
rot, grün, gelb,
schillernd, bunt und prächtig.

Laterne, Laterne, du leuchtest wie die Sterne.
Wir ziehen durch die Gassen
und wollen unser Licht
für andre leuchten lassen.
»Liebes Licht, lass deinen Schein
auch in unsern Herzen sein.«

Lieber Gott, ich bin gesund,
ich kann laufen, hören, sehen.
Aber Papas bester Freund
muss jetzt an zwei Krücken gehen,
kann nicht schlafen, mag nicht essen.
Du, Gott, wirst ihn nicht vergessen.

Bei meinen Eltern gibt es Zank.
Mama wird davon noch krank.
Du allein, Gott, kannst es machen,
dass die beiden wieder lachen.

Ach, mein Gott, was mach ich nur,
hab ich doch im Treppenflur
Männel an die Wand gemalt.
Niemand weiß, wer das getan.
Mama aber sieht mich an,
kann in meinen Augen lesen.
Sag ich dann ›Ich bin's gewesen‹?

Du guter Gott und Vater,
du lenkst der Sterne Lauf.
Nimm unsern lieben Opa
in deinen Himmel auf.

Bleibe bei uns mit deinem Frieden,
bleibe bei uns mit deinem Segen,
bleibe bei uns mit deiner Liebe,
du, unser Gott.

Amen